AF245754

RÉPLIQUE

DE

Mᵉ BERRYER

POUR

LA FAMILLE DE MONTMORENC

CONTRE

M. ADALBERT DE TALLEYRAND-PÉRIGORD

Audience du 13 janvier 1865.

PLAIDOIRIE

DE

Me BERRYER

POUR

1° M. le prince et M. le comte de MONTMORENCY-LUXEMBOURG ;

2° Mmes la comtesse de LA CHATRE et la marquise de BIENCOURT ;

3° Mme la duchesse de FERNANDO-LUIS LÉVIS-MIREPOIX, fille du dernier duc de MONTMORENCY-LAVAL ;

4° Mme la marquise de GONTAUT SAINT-BLANCAR ;

M. le comte de BRISSAC ; M. le comte FERNAND DE BRISSAC ; Mlle DE BRISSAC ; Mme la baronne VANDE WERN DE SCHILDE ; Mme la comtesse DE ROBIEN ;

M. le duc DE ROHAN ; M. le comte DE CHABOT ; Mme la comtesse DE GONTAUT-BIRON ;

M. le duc DE LUYNES ;

MM. le marquis et le comte DE MORTEMART ; M. le comte Louis DE MORTEMART ; Mmes la duchesse D'AVARAY et la comtesse DE BERNIS ;

M. le comte de BÉTHUNE-SULLY ; M. le comte Charles DE BÉTHUNE-SULLY ;

M. le vicomte DE LA ROCHEFOUCAULD et M. SOSTHÈNE DE LA ROCHEFOUCAULD, duc de BISACCIA ;

Mme la marquise de PIMODAN.

1865

Je ne veux pas céder à l'impatience de répondre aux derniers mots que vous venez d'entendre. Ce procès n'est, vous dit-on, qu'une *lutte des passions contre le droit*. Quelles passions ? et qui donc a cherché à les introduire dans cette cause ? Déjà, à la précédente audience, nous avons été étrangement provoqués quand on a essayé de vous faire considérer l'action judiciaire de la famille Montmorency comme ayant bien moins pour objet la revendication du droit le plus légitime que le désir d'attaquer un décret et de contester aujourd'hui le libre exercice de la souveraineté. On vous l'a dit, le procès ne serait pas intenté s'il s'agissait de l'exécution d'une ordonnance !

Je ne sais pas s'il est habile à M. Adalbert de Périgord d'introduire ainsi dans le débat des pensées et des sentiments qui n'y doivent point prendre place, et de chercher à préoccuper vos esprits par des considérations qui ne peuvent cesser de vous être étrangères sans qu'il soit porté atteinte à la dignité et à l'indépendance de votre justice. Quoi ! c'est nous qui soutiendrions une lutte des passions contre le droit ! Ce langage est au moins extraordinaire de la part de celui qui est obligé de reconnaître qu'il est sans droit, qu'il n'a pu en invoquer au-

1

cun, mais qu'il a sollicité et obtenu une faveur de la prérogative souveraine. C'est sans doute comme remercîment de cette faveur, et dans
l'espoir d'en obtenir une autre de vous, qu'il apporte à cette audience
les inconvenantes insinuations que nous avons entendues.

C'en est trop à cet égard, — on sera impuissant à détourner vos esprits du caractère sérieux et du légitime objet des deux demandes qui
vous sont soumises, à fin d'interdire à M. Adalbert de Périgord de
prendre le nom de Montmorency, et de lui faire défense d'usurper les
armoiries de cette maison.

Le décret du 14 mai n'existait pas quand au mois de février, une
première protestation fût présentée par un référendaire au Conseil du
sceau des titres contre la demande de M. le prince Gontran de Bauffre-
mont, prétendant se faire reconnaître héritier du titre de duc de Montmorency. Le décret du 14 mai n'existait pas quand une seconde protestation fut de même adressée au Conseil du sceau, au mois de mars,
contre la prétention de M. de Périgord à la concession gracieuse de ce titre honorifique. Au mois de mai, on apprend que M. Adalbert promène
par la ville le nom du duc de Montmorency, qu'il signe de ce nom, sans
aucune autre indication, les visites qu'il rend en divers lieux ; c'est
alors qu'est portée à votre tribunal l'instance que vous avez à juger. La
demande est fondée sur des faits positifs, sur des documents écrits que
nous avons entre les mains ; c'est la revendication d'un nom de famille,
c'est la résistance à une usurpation à laquelle il est du devoir et de
l'honneur de tous les membres de la famille de s'opposer par tous les
moyens que les lois et la jurisprudence ont consacrés ; c'est une réclamation de propriété privée, c'est une action purement civile dont vous
êtes les juges spéciaux et nécessaires.

Ce n'est pas sérieusement qu'on a prétendu nous arracher à votre
tribunal et nous faire renvoyer devant je ne sais quels juges, d'abord
en alléguant que nous avions soumis le litige à une autre juridiction
par les deux protestations qui ont été adressées au Conseil du sceau
des titres. Protester auprès d'un Conseil qui n'a point de juridiction,
qui ne peut être appelé qu'à donner un avis, devant lequel aucune ins-

tance ne peut être liée, certes ce n'est pas lui déférer le jugement d'une contestation ; jamais une protestation ne peut avoir ce caractère et ces effets ; une protestation est un acte conservatoire, c'est un acte de réserves du droit, c'est la barrière ou le fossé qui défend l'entrée de mon champ : je proteste auprès du garde champêtre contre l'invasion d'un bétail étranger dans mes prés, ou dans mes bois ; s'il ne fait pas respecter ma propriété, je n'ai pas compromis mon droit, je me suis réservé de le faire reconnaître et proclamer par un juge compétent.

Laissons de côté ce prétendu moyen de litispendance tiré des protestations de février et mars 1864.

Il en est de même d'une allégation d'incompétence qui n'est l'objet d'aucunes conclusions jointes au procès et que l'on voudrait fonder sur l'article 7 de la loi de germinal an XI, dont nous invoquons les dispositions quant à la nécessité de remplir les formalités qu'elle prescrit pour obtenir des changements ou additions de nom, et aux termes de laquelle, dans l'état actuel de notre législation, le Conseil d'État serait le seul juge compétent en cette matière.

Il est vrai que dans le système de la loi de l'an XI, lorsque le gouvernement a été saisi d'une demande à fin de changement ou d'addition de nom, lorsque cette demande a été rendue publique, que des délais ont été observés, qu'il a été statué et que des tiers se trouvent lésés par la décision intervenue, s'ils veulent se pourvoir contre cette décision c'est au gouvernement qu'ils doivent adresser leur requête dans le cours de l'année durant laquelle l'exécution de la décision est légalement suspendue.

Mais quand aucune des formalités n'a été remplie, quand l'administration publique n'a point été appelée, dans les forme et dans les délais prescrits, à statuer sur la demande et à rendre une décision régulière, ce n'est point à elle que les personnes lésées dans leurs droits doivent adresser leurs réclamations, c'est devant la juridiction du droit commun, devant l'autorité judiciaire qu'il appartient de se pourvoir contre une atteinte irrégulièrement et illégalement portée à des droits privés.

Vainemement encore voudrait-on se prévaloir, pour obtenir le renvoi de la cause, de ce qu'à toutes fins, pour la préservation de leurs droits, les membres de la famille Montmorency ont déféré le décret au Conseil d'État, comme entaché d'excès de pouvoir, mais en demandant expressément qu'il fût sursis à statuer, *jusqu'à ce que la question de propriété du nom ait été tranchée par le Tribunal civil de la Seine qui en était saisi.* Ce recours n'est donc qu'une mesure conservatoire prise à un autre titre que la demande judiciaire, elle soulève une question de droit constitutionnel.

Retenez donc le jugement de cette cause, Messieurs ; je viens de vous le dire, c'est une action purement civile qui vous est soumise ; elle a pour objet l'exercice d'un droit de famille, elle vous appelle à juger une question de propriété privée, elle est fondée sur un fait personnel à M. Adalbert de Périgord, fait dont nous produisons la preuve écrite de sa main. L'instance portée devant vous le 26 mai était liée en ce Tribunal par les conclusions respectives des parties, quand, à la date du 8 juillet, M. de Périgord nous a révélé l'existence du décret du 14 mai et l'a introduit au procès par sa tardive signification.

L'apparition de ce décret peut-elle arrêter le cours de votre justice ?

Deux principes dominent cette cause : ils sont hors de toute controverse, et doivent motiver votre jugement. M'est-il nécessaire d'invoquer le texte des lois, l'autorité des jurisconsultes et le sentiment universel pour établir qu'un nom de famille, le nom patronymique est une propriété privée, la plus respectable de toutes, inviolable, incessible, sacrée pour ceux à qui elle appartient, dont enfin nulle autorité n'a la puissance de disposer contre le gré de ceux qui y ont droit.

Est-il moins incontestable que les questions de propriété privée sont du domaine exclusif de l'autorité judiciaire, que notre droit public et notre droit civil consacrent cette, compétence spéciale et absolue des tribunaux?

M. Adalbert de Périgord prétend se dégager de ces immuables principes. Il ne s'agit pas, dit-il, de droits privés touchant la possession d'un nom propre; je porte un titre tel qu'il m'a été conféré par la puissance souveraine, par un acte de sa prérogative hors de conteste, et qui ne peut être l'objet d'aucune discussion.

Voilà un étrange langage et je peux dire qu'il est nouveau en France, et serait funeste s'il était écouté.

Consultons l'ancien droit de la France, ouvrons nos annales, interrogeons les monuments émanés de l'autorité souveraine. Il n'est point d'acte de la munificence royale portant atteinte ou pouvant porter atteinte à des droits privés qui n'ait pu être apprécié et réformé par l'autorité judiciaire. Je n'ai point à rappeler les dispositions générales par lesquelles nos rois enjoignaient à leurs Cours de Parlement de ne point obéir aux lettres closes ou patentes qui seraient contraires aux lois du royaume (1). Mais à tous les actes de la nature de celui dont il s'agit aujourd'hui, aux actes de munificence royale, contenant concessions de droits individuels, ou collations de titres, était jointe la formule en quelque sorte sacramentelle : *sauf notre droit en autres choses et l'autrui en tout.*

Les droits des tiers étaient ainsi formellement réservés. Les actes souverains devaient toujours être enregistrés, soit en Cour de Parlement, soit dans les Chambres des comptes ; et si des particuliers se trouvaient lésés dans leurs droits privés, ils avaient la faculté de faire statuer par les Cours sur leurs réclamations, en formant opposition à l'enregistrement des lettres-patentes; en accordant une faveur particulière, nos rois n'entendaient pas nuire aucunement au droit des tiers, ou leur interdire tout recours auprès des Cours de justice. Voilà le vieux droit français. Nous ne connaissons qu'un

---

(1) Ordonnance de Philippe de Valois, 1344 ; de Charles V, 1359, 1370, 1389 ; de Charles VII, 1453 ; de Louis XII, 1499 ; de François Ier, 1539, etc.

seul exemple contraire; il remonte à une date funeste, c'est l'ordonnance de Charles IX, relative au nom de Créquy, en l'année
de la Saint-Barthélemy, en 1572. Ce n'est pas là sans doute le principe d'autorité que l'on prétend vous faire remettre en vigueur
aujourd'hui.

Les maximes constantes de notre droit, spécialement quant aux
noms de famille, étaient ainsi résumées en quatre principes par
M. Merlin dans l'ancien répertoire :

« Le premier, dit-il, est que le nom et les armes d'une famille
« noble appartiennent à la famille *privativement et à l'exclusion de*
« *tout autre ;*

« Le second, que les enfants ne sont point de la famille dont leur
« mère est issue, mais de celle du père ; qu'ainsi la mère ne peut
« communiquer son nom et ses armes à ses enfants, lorsqu'il y a
« des mâles de sa famille qui s'y opposent;

« Le troisième, qu'une mère ne peut imposer à son fils la condi
« tion de porter son nom seul et ses armes seules, sans lettres du
« souverain qui permettent de changer de nom ;

« *Le quatrième, que les lettres étant toujours accordées sous cette*
« *condition* SOUS-ENTENDUE, *pourvu que cela ne préjudicie pas au droit*
« *acquis à un tiers, ne s'exécutent point, lorsqu'il y a des mâles inté*
« *ressés qui s'opposent à ce changement.* »

La condition sous-entendue, c'est la grande réserve : *sauf le droit*
d'autrui en tout.

Voilà des maximes incontestables et auxquelles je ne comprendrais pas qu'aujourd'hui, en 1865, on tentât, dans un procès qui
intéresse les droits et les devoirs les plus sacrés, les plus respectables d'une famille, d'opposer l'autorité absolue de la souveraineté,
la prétendue puissance d'une prérogative incontestable, indiscutable, omnipotente. Je le répète, c'est là un langage complétement
nouveau en France ; les principes protecteurs de la sécurité de tous,
de la sécurité des familles, de leurs droits les plus chers, ces principes ont-ils cessé d'exister parmi nous ? Est-ce sous de nouvelles

règles que nous devons vivre ? Non, assurément, il n'en est rien. Le droit nouveau n'a rien innové sur ces questions ; il me serait facile de vous faire passer sous les yeux un grand nombre de décrets impériaux et d'ordonnances royales qui ont maintenu le principe absolu de la compétence spéciale, exclusive des tribunaux en tout ce qui touche des intérêts purement privés dans les actes du gouvernement, dans les actes de la souveraineté. On vous a cité, entre autres, le décret du 22 octobre 1808, l'ordonnance du 13 février 1815, celle du 19 mai 1817 ; ce n'est pas seulement dans ces actes législatifs que vous reconnaîtrez la consécration des principes fondamentaux et salutaires de l'autorité judiciaire compétente exclusivement quand un intérêt privé est engagé. Consultez les monuments de la jurisprudence moderne : je n'en citerai qu'un petit nombre ; il en est un, entre autres, qui doit jeter sur ce débat une lumière qui dissipera tous les doutes, c'est l'arrêt rendu par la Cour de cassation, le 19 juillet 1827, sous la présidence de M. Henrion de Pansey.

Cet arrêt proclamait :

« Que ce fut une maxime incontestable de notre droit public,
« que *les rois de France furent* DANS L'HEUREUSE IMPUISSANCE de porter
« aucune atteinte aux propriétés de leurs sujets.

« Ainsi, dans les arrêts du Conseil portant quelques concessions
« au profit des particuliers, on lisait cette formule par laquelle ils
« terminaient : « *sauf notre droit en autres choses, et l'autrui en tout,* »
« CLAUSE TOUJOURS SUPPOSÉE, LORS MÊME QU'ELLE N'ÉTAIT PAS ÉCRITE, de
« manière que les arrêts n'avaient aucune efficacité, s'ils n'étaient
« revêtus de lettres-patentes qui devaient être enregistrées dans les
« Cours souveraines, lors duquel enregistrement les parties inté-
« ressées et qui pouvaient se prétendre lésées dans ces actes par
« l'autorité publique, avaient la faculté de former opposition, et le
« Parlement, saisi par cette opposition, statuait contradictoirement
« sur les moyens respectifs. »

Elle est sérieuse, et je pense décisive pour vos esprits, cette déclaration de principes émanée de la Cour suprême, sous la présidence d'un des plus illustres magistrats des temps modernes, et peut-être le dernier de nos grands jurisconsultes.

Mais c'est votre propre jurisprudence que je veux invoquer, en remettant sous vos yeux un de vos jugements, rendu le 25 juillet 1834 et confirmé par arrêt de la Cour royale, en 1836 (1). Permettez-moi de vous en donner lecture entière :

« Attendu qu'il est hors de doute qu'en présence d'une ordonnance rendue en matière contentieuse ou réglementaire qui lèse les intérêts des citoyens, les tribunaux doivent s'abstenir, par respect pour le principe de la division des pouvoirs administratif et judiciaire ;

« Qu'en effet, dans le premier cas, le tiers qui n'a pas été appelé peut former tierce-opposition dans la forme déterminée par les règlements de la juridiction contentieuse du Conseil d'État ;

« Que, dans le second cas, l'article 40 du règlement du 22 juillet 1806 offre encore un recours possible, soit devant une section du Conseil d'État, soit devant une commission nommée par le Roi ;

« Que toutefois, dans ce dernier cas, c'est-à-dire d'une ordonnance statuant par voie réglementaire, *les tribunaux doivent examiner si cette ordonnance est rendue dans les limites tracées par la loi, et dans la vue d'en procurer l'exécution* ;

« Que si l'ordonnance est contraire à la loi, les principes de notre droit public, constaté par la jurisprudence la plus constante, font *un devoir aux magistrats, gardiens de la loi, de ne pas s'arrêter à une pareille ordonnance* ;

« Que *c'est surtout alors qu'il s'agit d'une ordonnance qui statue en matière purement gracieuse, que ces derniers principes sont nécessairement applicables,* lorsque cette ordonnance lèse les droits des citoyens ; qu'en effet, comme il n'existe pas de recours possible contre un pareil acte, *les tribunaux manqueraient à leur devoir* s'ils laissaient les citoyens sans protection dans un pareil cas ;

---

(1) Sirey, année 1836, 2ᵉ partie, page, 88.

« Attendu que l'*ordonnance dont il s'agit au procès n'est ni contentieuse ni réglementaire*, et qu'elle statue par voie purement gracieuse, *sur un exposé inexact, en l'absence de la partie intéressée*, hors
des formes statuées par la loi, et dans l'ignorance des droits qu'on
ne signalait pas au souverain ou plutôt à son ministre responsable.

« Attendu que cette ordonnance est à la fois contraire à la Charte
et aux lois ;

« Par ces motifs, etc. »

Ce jugement n'avait à statuer que sur la réclamation d'un intérêt
pécuniaire. Mais qu'il s'agisse d'une somme d'argent, d'un lambeau
de terre, ou d'un vaste domaine, ou d'un intérêt immatériel, d'une
propriété morale comme celle du nom de famille, quelle que soit la
nature de l'intérêt privé qui est lésé par un acte de la souveraineté,
les principes sont les mêmes, votre devoir est le même. Ne perdez
pas de vue votre propre décision ; *c'est surtout alors qu'il s'agit d'une
ordonnance (ou d'un décret) qui statue en matière purement gracieuse que
les principes sont nécessairement applicables, lorsque cette ordonnance
lèse les droits d'un citoyen ;...... les tribunaux manqueraient à leur
devoir s'ils laissaient les citoyens sans protection dans un pareil cas.*

Jamais les principes qui constituent l'autorité spéciale et indépendante, dont vous êtes investis, n'ont été formulés en termes plus pré-
cis et plus clairs.

Le Tribunal de la Seine les a maintenus solennellement dans une
occasion plus récente. Lorsque les princes de la maison d'Orléans
réclamèrent les droits de la propriété privée contre le décret du 22
janvier 1852, qui ordonnait l'annexion au domaine impérial des
biens personnels du roi leur père, la question de compétence fut
soulevée par l'administration et soutenue par le ministère public, le
Tribunal statua en ces termes :

« Attendu que les membres de la famille d'Orléans procèdent,
comme propriétaires des domaines de Neuilly et de Monceaux, soit
en vertu de la donation du 7 août 1830, soit en qualité d'héritiers de
leur père, et pour partie de la princesse Adélaïde, leur tante, soit en

vertu d'une jouissance prolongée depuis plus de vingt ans, et pouvant fonder la prescription ;

« Attendu que leur action a pour objet la propriété de ces deux domaines ;

« *Attendu que les tribunaux ordinaires sont exclusivement compétents pour statuer sur les questions de propriété, de validité de contrat, de prescription ;*

« Que ce principe a toujours été appliqué, aussi bien à l'égard de l'État, qu'à l'égard des particuliers ;

« *Qu'ainsi au Tribunal seul il appartient d'apprécier les titres des parties, et d'appliquer la loi aux faits qui donnent lieu au procès ;*

« Se déclare compétent ; retient la cause, et condamne le préfet de la Seine aux dépens de l'incident. »

Après vous avoir rappelé vos propres décisions je n'ai pas besoin de vous inviter à méditer sur les motifs des arrêts de la Cour de Nancy, 26 juillet 1827, de la Cour de Metz, 25 février 1829.

Vous ne déserterez pas ces invariables traditions de l'autorité judiciaire en France, sous l'ancien régime, sous la Restauration, le Gouvernement de Juillet et les premiers temps du nouvel empire. En 1852 la réclamation des droits de propriété privée des princes d'Orléans était portée contre un acte du chef de l'État qui s'était réservé alors, jusqu'à la puissance législative; le décret était rendu avec tout l'appareil d'une autorité dictatoriale, mais il portait atteinte à des intérêts privés, et rien n'a prévalu dans le sein du Tribunal contre le sentiment de son devoir, le respect de l'autorité spéciale dont il est investi, et la dignité de son indépendance.

Je ne parle pas des insinuations politiques dont on cherche vainement à troubler vos esprits ; mais comment peut-on espérer vous déterminer à consacrer sans examen les dispositions d'un décret impérial qui porte atteinte aux droits d'une famille, en invoquant le principe de la division des pouvoirs ?

C'est précisément parce que la séparation des pouvoirs publics est un principe fondamental de notre existence sociale, que chacun d'eux doit se mouvoir avec une entière liberté dans le domaine qui lui est propre.

À vous et à vous seuls l'application des lois en ce qui touche aux intérêts individuels des citoyens ; à vous et à vous seuls le règlement des questions de propriété privée ; à vous et à vous seuls la protection des droits et de l'honneur des familles ; à vous il appartient de maintenir le droit des tiers, l'*autrui* lésé par les dispositions d'un acte de la souveraineté. Ah ! vous n'abdiquerez pas cette sainte autorité de la justice, haute garantie et noble refuge de la sécurité de tous.

Nous n'avons donc plus à examiner, à vrai dire, qu'un point de fait. Le décret du 14 mai dispose-t-il d'un droit de propriété privée ? En octroyant à M. Adalbert de Périgord le titre de duc, en vertu du droit que l'Empereur s'est réservé d'accorder des titres de noblesse comme distinctions honorifiques, le décret ne confère-t-il pas le nom de Montmorency, sans l'assentiment et contre le gré de la famille à laquelle ce nom appartient en propre ?

Le nom de Montmorency est-il en effet un nom propre, dans l'acception légale de ce mot, est-ce le nom patronymique qui distingue de toutes les autres familles les membres de cette illustre maison ?

On reconnaît que c'est une erreur vulgaire qui a donné à croire que le nom de Bouchard était le nom originaire des Montmorency. Bouchard ne fut qu'un prénom, un nom de baptême porté par quelques-uns des ancêtres de ceux pour qui j'ai l'honneur de parler. Nous voyons que leurs fils, alors que dans notre histoire il n'y avait pas encore de nom de famille, se distinguaient alternativement par les prénoms de Bouchard, de Thibaut, d'Albéric, de Mathieu. Le nom de baptême de Bouchard était porté par bien d'autres familles, tels furent les Bouchard de Vendôme, les Bouchard d'Aubeterre. Les Montmorency ne sont pas plus des Bouchard que les Talleyrand, se rattachant à la maison souveraine de Périgord, ne sont des Boson, prénom de baptistère donné le plus souvent aux seigneurs de Périgord, et qui est encore, je crois, porté par le frère aîné de M. Adalbert.

L'antiquité du nom des Montmorency est établie par les docu-, ments historiques les plus authentiques. Nous lisons dans le *Recueil des historiens* des Gaules et de la France, tome 10, page 303 : qu'au Xe siècle, le roi Robert fit démolir un château fort que Bouchard le Barbu possédait dans une île de la Seine et qu'il l'autorisa à en construire un autre appelé *Montmorancy* :

« Hic Robertus castigavit quemdam Bouchardum Alàbarbe prop-
« ter castrum quoddam quod habebat, quod demolitum fuit et fac-
« tum aliud vocatum Montmorancy (1). »

Une charte du roi Robert, de l'an 998, constate ce fait et nous apprend que la nouvelle forteresse fut construite à trois lieues de l'abbaye de Saint-Denis, sur le fief qu'on appelle Montmorency.

« Submovemus omnem oppressionem... præcipuè Burchardi co-
« gnomento barbati... qui... in insulâ Sequanæ tenebat munitio-,
« nem... cùm Burchardus à nobis submonitus esset,... nostro regali
« decreto eversum iri ipsam munitionem per fideles nostros man-
« davimus... ad bonum concordiæ, munitionem ei firmari conce-
« dentes, quam *monmaurenciacum* dicunt, fermè tribus leugis a
« castello Sⁱ Dionysii (2). »

Ce fief de Montmorency était possédé depuis longtemps par la famille de Bouchard-le-Barbu ; un diplôme accordé en l'année 958 par le roi Lothaire, descendant et successeur de Charlemagne, ap- prouve et confirme l'établissement d'un monastère qu'avait fondé un autre Bouchard, fils d'Albéric, qui avait donné à ce couvent de grands biens et, entre autres, deux moulins dépendant de la sei- gneurie ou baronnie de Montmorency.

« Notum fieri volumus quod Burchardus filius Alberici ducis...
« observans ut quoddam monasterium quod ipse constituerat...
« perpetuum et firmum fore concederemus... concessimus... ut

---

(1) Ex *Chronicâ regum Francorum.*
(2) *Recueil des historiens*, tome X, page 533.

« quæcumque à præfáto Burchardó donata sunt, videlicet villam
« Brajacus et duos molendinos apud villam quæ dicitur *Monsmo-*
« *rencius,* quietè possideant monachi... etc. (1). »

Il ne serait pas sans intérêt de connaître l'origine de ce nom de
Monsmorencius. Les monuments de l'histoire de France ne nous enseignent rien de positif à cet égard, nous n'avons que les traditions
incertaines des légendaires dont il est dit quelques mots par Moréri
dans son dictionnaire historique. Suivant ces traditions, l'un des
seigneurs possesseurs du fief aurait reçu le prénom de *Morencius* en
mémoire des victoires qu'il avait remportées contre les *Mores* au
temps de Charlemagne et de Charles-le-Chauve (2). Je vois, en effet,
dans les annales d'Eginhard, historien contemporain de Charlemagne, que ce prince envoya *Burchardus, Comes stabuli,* avec une
flotte, en Corse, contre les Maurés d'Espagne et d'Afrique, qui
étaient venus ravager cette île et la Sardaigne et les côtes de l'Italie;
que Bouchard les défit, en tua un grand nombre et brûla leurs na-
vires. Ces victoires contre les Maures se renouvelèrent sous le règne
de Charles-le-Chauve, et dans une charte attribuée à ce roi, sous la
date de 845, on lit ces mots : « Propter bona servitia quæ nobis
« fecit *contrà Mauros de Corsicâ* nobilis consanguineus noster Bur-
« chardus dux (3). »

Les possesseurs du fief de Montmorency ont-ils pris le nom de
cette seigneurie, ou au contraire lui ont-ils donné leur nom ou sur-
nom, comme il y a tant d'exemples dans les origines de notre noblesse française? De plus savants que moi adoptent cette dernière
opinion, et ce ne serait pas, Messieurs, sans importance dans cette
cause, quant à la distinction que l'on veut faire du nom de famille
et du nom de la seigneurie, mais nous l'ignorons. Quoi qu'il en soit,
tous les généalogistes, notamment le père Anselme et Lachesnaie

---

(1) Tome IX du *Recueil des historiens,* page 622.
(2) Comme Scipion fut appelé l'Africain.
(3) *Recueil des historiens,* tome VIII, page 471.

des Bois, nous enseignent que depuis le dixième siècle Bouchard le Barbu fut la tige de ce grand arbre dont sont issues, par descendance directe et masculine, plus de trente branches sur lesquelles tous les enfants, fils et filles, ont vaillamment porté, pendant neuf siècles, le nom de Montmorency. C'est bien là, s'il en fut jamais au monde, quelle qu'en soit l'origine, un véritable nom de famille, un nom patronymique inaliénable, incessible, qui ne peut être acquis que par la naissance, dont nul ne peut disposer, que nul ne peut usurper impunément, et qui ne saurait être transmis par un acte de la puissance souveraine au mépris des droits de la famille, sans que ce soit pour vous, Messieurs, un devoir de réparer, par autorité de justice, une telle atteinte portée à la propriété privée.

Mais, dit M. Adalbert de Périgord, ce n'est pas du nom de famille, que ma mère n'a pu me transmettre, que j'ai sollicité la concession; c'est un titre ducal, éteint en 1862, qui m'a été concédé par le chef de l'État, et quoique le nom de Montmorency soit attaché à ce titre, le titre ducal est distinct du nom patronymique; il faut reconnaître cette distinction du titre et du nom. La collation du titre est dans le droit supérieur du souverain; son décret ne peut pas recevoir le caractère de l'attribution du nom d'une famille, et n'est pas entaché du vice d'atteinte à la propriété privée.

Examinons donc, Messieurs, en face des faits historiques et des dispositions des lois qui nous régissent, l'allégation que cette concession du titre de duc de Montmorency n'est pas aujourd'hui la concession du nom de Montmorency. Montrons la confusion des temps et des choses dans cette prétendue distinction du nom et du titre, et réduisons cette subtilité inattendue à ce qu'elle doit être sous notre législation et devant la raison publique.

Qu'est-ce que le titre de duc de Montmorency aujourd'hui concédé à M. Adalbert de Périgord ? Ainsi que je vais vous le démontrer, ce serait, aux termes du décret impérial, le titre féodal attaché en 1551 à la possession du fief érigé alors en duché-pairie.

Permettez-moi de relire le décret du 14 mai 1864 :

« Vu la requête présentée au nom de M. de Talleyrand-Périgord (Nicolas-Raoul-Adalbert), né à Paris le 28 mars 1837, tendant à obtenir la concession *du titre héréditaire de duc de Montmorency, conféré,* suivant lettres-patentes du roi Henri II, du mois de février 1551, *transmis une première fois par le roi Louis XIV,* en vertu de lettres-patentes du mois d'octobre 1689, à Charles-François-Frédéric de Montmorency-Luxembourg, prince de Tingry; *une seconde fois par le roi Louis XV,* par lettres-patentes de décembre 1767, à Anne-Léon de Montmorency, marquis de Fosseux, et à ses enfants mâles à naître, et descendants de mâle en mâle en légal mariage, et *recueilli en* 1846 par son oncle maternel, M. Louis-Raoul-Victor, dernier descendant mâle du marquis de Fosseux, décédé sans postérité le 18 août 1862, en la personne duquel s'est éteint le titre de duc de Montmorency.

. . . .

« Avons décrété et décrétons ce qui suit :

« Art. 1er. Nous concédons à M. de Talleyrand-Périgord (Nicolas-
« Raoul-Adalbert) pour en jouir, lui et sa descendance directe lé-
« gitime de mâle en mâle, et par ordre de primogéniture, le titre
« de duc de Montmorency qui s'est éteint en la personne de son on-
« cle maternel, etc. »

Il y a presque autant d'erreurs que de mots dans les motifs de ce décret empruntés à l'exposé de M. Adalbert de Périgord. J'en demande pardon à MM. les membres du Conseil du sceau des titres, s'ils ont été d'avis du décret, ils ont bien mal avisé l'Empereur.

C'est improprement que l'on dit que le titre héréditaire de duc de Montmorency aurait été conféré en 1551 ; le grand connétable Anne de Montmorency n'a point été créé duc ; on ne conférait point alors de titres personnels de duc. Ce même titre de 1551 n'a point été transmis par Louis XIV ou par Louis XV, il n'a pas été recueilli en 1846, et ce n'est pas en 1862 qu'il s'est éteint.

Ainsi que l'ordonnance sur laquelle vous avez prononcé le jugement de 1834, le décret du 14 mai a été rendu *sur un exposé inexact et hors de la présence des parties intéressées.*

Pour rentrer dans la vérité et arriver à comprendre et reconnaître ce que fut le titre ducal de 1551, relisons les lettres-patentes du roi Henri II :

« Sçavoir faisons que *ayant regard à ce que la baronnie de Montmorency est la première baronnie de France dont sont tenus et mouvants bon nombre de beaux fiefs et arrière-fiefs, aucuns desquels sont tenus et possédés par notredit cousin,* ainsi que nous avons bien voulu savoir de lui, et davantage il a auprès et joignant dudit Montmorency les chastel, terre et seigneurie d'Écouen, sous le ressort de notre baillage de Senlis, en lesquels lieux d'Écouen et Chantilly, il y a deux des plus belles maisons et aussi excellemment bâties que nulles autres de notre royaume, et *pour autant que la baronnie avec lesdits fiefs et arrière-fiefs qui en dépendent, et sont possédés par notredit cousin,* et aussi lesdites terres et seigneuries d'Écouen, Montespillouer, Champversi, Courteil, Vaux-le-Creil, Tillays, le Plessis et la Villeneuve, leurs appartenances et dépendances, *joint et uni que le tout soit ensemble* l'on peut tirer, ainsi que nous sommes dûment avertis, un revenu annuel qui est suffisant et capable de recevoir, maintenir et entretenir *les noms, titres, et dignités de duché.*

« Pour ces causes . . . , *joignons, unissons et incorporons à ladite
« baronnie de Montmorency,* du vouloir et consentement de notredit
« cousin, *lesdites terres et seigneuries* d'Écouen, Chantilly, Montes-
« pillouer, Champversi et autres dessus nommées, leursdites ap-
« partenances et dépendances, *et laquelle baronnie avec les fiefs
« et arrière-fiefs qu'en tient et possède notredit cousin étant ainsi réu-
« nie et augmentée* par le moyen desdites adjonction, union et incor-
« poration, *avons créé et érigé, créons et érigeons en titre, nom et di-
« gnité et prééminence de duché et pairie de France, voulons et nous
« plaît, lesdites baronnie, terres et seigneuries, être dorénavant dites
« et appelées duché et pairie, pour en jouir et user par notredit cousin
« Anne de Montmorency,* et après son décès par ses hoirs et succes-

« seurs mâles, sieurs dudit Montmorency, à toujours perpétuelle-
« ment *en titre de duc et pair de France*, et tout ainsi que les autres
« ducs et pairs en jouissent et usent. » Que contiennent donc ces
lettres-patentes de 1551 ? L'érection d'un grand fief par la réunion
à la baronnie de Montmorency des fiefs et arrière-fiefs qui sont
dans sa mouvance et de plusieurs autres terres et seigneuries. Ce
sont ces dites baronnie, terres et seigneuries, qui *seront dorénavant
dites et appelées duché-pairie*, et pour autant qu'elles sont tenues et
possédées par Anne de Montmorency, il aura le droit *d'en jouir et
user en titre de duc et pair de France*. Ce titre ducal est réel, territorial,
inhérent à la possession de la baronnie avec les fiefs, arrière-fiefs et
seigneuries qui y sont réunis.

Cette possession fut transmise par le Connétable à son fils et par
celui-ci à son petit-fils Henry, deuxième du nom. Au mois d'octobre
1632, Henry de Montmorency est condamné par arrêt du Parlement de
Toulouse à monter sur l'échafaud que Richelieu avait fait dresser.
L'arrêt déclare le duché de Montmorency éteint et aboli. Toutes
les terres et seigneuries qui le constituaient, sont confisquées
judiciairement et dévolues au Roi. De ce jour fatal il n'y a plus de
duc de Montmorency ; ce n'est pas parce que la main du bourreau a
épuisé tout le sang du petit-fils d'Anne le Connétable, c'est parce
qu'il n'y avait plus de duché de Montmorency, il était aboli et ne fut
transmis à personne.

Qu'est-il advenu à la suite de cette abolition du duché et de la
mort de son possesseur ? Au mois de mars 1633, on enregistrait au
Parlement et à la Chambre des comptes de Paris, des lettres-patentes
portant « don des biens confisqués sur Henry duc de Montmorency,
« par arrest du Parlement de Thoulouze du 30 octobre 1632, à
« Charlotte de Montmorency, épouse de Charles de Valois, duc
« d'Angoulême, Marguerite de Montmorency, épouse d'Anne de
« Lévis, duc de Ventadour, et à Charlotte-Marguerite de Montmo-
« rency, épouse d'Henry de Bourbon, prince de Condé, exceptez la
« seigneurie de Chantilly et le comté de Dammartin, etc. »

3

En suite de cette donation et de ce partage des biens qui avaient été réunis pour former l'ancien duché de Montmorency, la portion attribuée à Mme la princesse de Condé va être érigée en duché-pairie, non par transmission de la pairie abolie, mais par titre d'érection nouvelle. Tel est l'objet d'autres lettres-patentes du roi Louis XIII ; nous y lisons :

« Le titre de duché-pairie de la terre et seigneurie de Montmorency, ayant esté déclaré esteint et supprimé par arrest rendu au Parlement de Thoulouze, le 30 octobre dernier, et les biens du feu duc de Montmorency à nous acquis et confisquez, comme notre intention n'a point esté de profiter desdits biens, ains d'en gratiffier ses héritiers, spécialement en faveur de nos très-chers et très-amez cousin et cousine le prince et la princesse de Condé, auxquels nous avons donné, quitté, et remis *partie desdits biens* ainsi à nous acquis, et voulant témoigner combien les services de nostredit cousin nous sont agréables, et, *désirant que ladite terre de Montmorency par nous à eux délaissée ne soit par eux tenüe sous moindre titre, dignité et qualité qu'elle a esté par les prédecesseurs ducs de Montmorency,* ni ledit arrêt avoir lieu en ce regard ; ains plustôt *augmenter et amplifier la dignité deladite terre* en considération de l'honneur que nostre dit cousin et cousine ont de nous approcher de parenté de si près.....

« Avons par ces présentes signées de nostre main, et de nostre grâce spéciale, pleine puissance et autorité royale icelle terre et seigneurie de Montmorency, *avec les terres unies et incorporées à icelle...* DE NOUVEAU *créé et érigé, créons et érigeons en titre qualité, dignité et prééminence de duché et pairie de France pour en jouir et user* par nostre dit cousin et cousine les prince et princesse de Condé, et après leur déceds par leurs hoirs et successeurs masles et femelles, seigneurs dudit Montmorency, à toujours perpétuellement en titre de duc et pair de France. »

« Nous avons fait mettre nostre scel à cesdites présentes, sauf en autres choses nostre droit, et l'autruy en toutes. »

Ainsi en 1632 le duché érigé en 1551 est aboli, le titre ducal est éteint. Mais par les lettres-patentes de 1633, la terre et seigneurie de Montmorency est, *en partie*, de nouveau érigée en duché-pairie, en dehors de la famille de Montmorency dont le nom patronymique survivait en la personne d'un très-grand nombre de ses membres. Alors vivaient en effet François de Montmorency, marquis de Thury, baron de Fosseux; le jeune François-Henry de Montmorency, comte de Bouteville, qui fut depuis le grand maréchal de Luxembourg; François de Montmorency, seigneur de Châteaubrun; son frère Charles, seigneur de Neuvy; Pierre de Montmorency, seigneur de Lauvesse; Eugène de Montmorency, prince de Robecque; Hugues de Montmorency-Laval et plusieurs autres. Le prince de Condé était devenu duc de Montmorency. Le titre ducal est à cette époque distinct du nom de famille, il est vrai, mais n'oubliez pas, Messieurs, la teneur expresse des lettres-patentes données par Louis XIII; la terre et seigneurie de Montmorency est de nouveau, en 1633, *créée et érigée en duché-pairie* en faveur du prince et de la princesse de Condé, le Roi *voulant que ladite terre de Montmorency par nous à eux délaissée ne soit par eux tenue en moindre titre, qualité et dignité, ains plustost augmenter et amplifier la dignité de ladite terre,* c'est au droit de propriété et à la possession de ce grand fief qu'est attaché le *droit d'en jouir et user en titre de duc et pair de France.*

Ici se comprend l'existence du titre ducal de Montmorency inhérent à la propriété réelle et territoriale du duché, mais distinct du nom patronymique de la maison de Montmorency.

Telle n'est pas la distinction dérisoire que M. Adalbert de Périgord voudrait vous faire admettre aujourd'hui.

Plus tard, d'autres duchés-pairies sont entrés dans la maison de Montmorency, mais non point par les prétendues transmissions du titre ducal de 1551 alléguées dans le décret du 14 mai.

En l'année 1661, François-Henri de Montmorency épousa Magdeleine-Charlotte de Luxembourg, dont la mère, Marguerite de Luxembourg, duchesse de Piney, se démit en sa faveur de ses titres et de

sa seigneurie de Piney, érigée en duché-pairie par le roi Henri III
en 1576, à condition que son gendre porterait le nom et les armes
de Luxembourg.

Ce mariage et cette transmission du duché de Piney furent ap-
prouvés et confirmés par lettres-patentes de la même année, et, en
1662, François de Montmorency, duc de Luxembourg et de Piney,
fut reçu au Parlement en qualité de duc et pair de France.

Ce titre de duc de Piney se perpétua dans la branche des Montmorency-Luxembourg, ducs de Châtillon. La veuve du dernier de
ces ducs est intervenante en ce procès.

Au mois de mars 1688, Charles-François-Frédéric de Montmorency-Luxembourg, fils de l'illustre maréchal de Luxembourg,
acheta le duché de Beaufort et obtint de Louis XIV la confirmation
de l'érection qu'Henry IV avait faite de cette duché-pairie en 1597
en faveur de César de Vendôme.

Les lettres-patentes de Louis XIV, qui conférait un nouveau titre
ducal dans la maison de Montmorency, sont du mois de mai 1688.
Veuillez en écouter la lecture, c'est une magnifique légende des
titres d'honneur des Montmorency.

« Louis, par la grâce de Dieu, roi de France et de Navarre, à tous
présents et à venir, salut.

« Nous avons toujours désiré de conserver les premières maisons
de notre royaume dans les titres, honneurs et dignités dont elles
ont joui, et de les augmenter lorsqu'elles l'ont mérité par leurs services; et considérant que notre très-cher et bien-amé cousin Charles-François-Frédéric de Montmorency-Luxembourg, prince de
Tingry, est issu d'une des plus illustres qui a donné à l'État plusieurs
personnes recommandables par leur vertu et par leur valeur, qui
ont possédé les premières charges depuis plusieurs siècles, particu-
lièrement Albéric de Montmorency qui, du règne de Henri Ier, pos-
séda la charge de connétable de France; Thibaut, seigneur de Montmorency, lequel fut revêtu de la même charge en 1083; Mathieu Ier,
qui en fut honoré du règne de Louis-le-Jeune, et Mathieu II pareil-

lement, sous le règne de Philippe-Auguste, lequel releva en sa personne la dignité et l'éclat de cette grande charge, qui a passé depuis à Anne de Montmorency, maréchal et grand-maître de France, et ensuite à Henry, maréchal de France, qui fut honoré de la même charge de connétable en 1593.

« A l'imitation de tous lesquels et de plusieurs autres de la même maison, qui ont été maréchaux et amiraux de France, notre très-cher et très-amé cousin François-Henri, de Montmorency, duc de Luxembourg et de Piney, pair et maréchal de France, capitaine de la première et plus ancienne compagnie française des gardes de notre corps, père de notre dit cousin le prince de Tingry, a donné en toutes occasions des marques de son grand courage, et de son affection pour notre service; car après avoir rempli plusieurs emplois de guerre convenables à son âge et à sa qualité, nous fîmes choix de lui lorsque nous déclarâmes la guerre à l'Espagne, en 1667, pour servir en qualité de lieutenant-général en notre armée en Franche-Comté. »

Ici le roi rappelle le commandement en chef de l'armée confédérée dans la guerre contre la Hollande, les siéges de Groot et de Deventer, les conquêtes dans les provinces unies, les siéges de Valenciennes, de Cambray, de Charleroi, le combat de Senef, les batailles de Castel et de Saint-Denis; il ne peut pas, en 1688, parler des grandes victoires de Steinkerque et de Nerwinde, mais, Messieurs, qu'il est touchant de voir Louis XIV effacer ainsi la tache sanglante de Toulouse; rien n'est plus beau que ce respect majestueux du grand roi pour les grands hommes qui ont servi la France, pour les antiques illustrations de la patrie, rien n'est plus royal que ce soin d'en consacrer les glorieux souvenirs.

Louis XIV n'avait pas oublié les libres enseignements qu'un digne magistrat lui avait donnés au jour de sa majorité, et je me les rappelle, ces belles paroles d'Omer Talon :

« Sire, la grandeur de l'État et la dignité de votre couronne se mesurent par la qualité des hommes qui vous obéissent ! »

Les lettres-patentes se terminent en disant :

« Et comme nous avons lieu d'espérer que notre dit cousin le prince de Tingry, auquel nous reconnaissons plusieurs rares qualités... suivra l'exemple de son père et de tant d'illustres ayeux, et soutiendra l'éclat de cette grande maison.....

« Toutes ces considérations nous ont porté à joindre aux titres et honneurs que la naissance lui donne, celui de duc, *laquelle dignité nous avons voulu laisser à la terre et duché de Beaufort*, étant bien aise que *cette terre* qui a été ci-devant érigée en duché et pairie par lettres du roi Henri IV notre ayeul de glorieuse mémoire, du mois de juillet 1597, en faveur de son fils naturel César de Vendôme, *continue à porter le titre de duché* en faveur de notre dit cousin le prince de Tingry et de ses descendants.

« A ces causes...

« Agréons et *approuvons l'acquisition faite par notre dit cousin le prince de* Tingry *dudit duché de Beaufort*, et ledit duché, circonstances et dépendances, avons de nouveau créé, élevé, et érigé, créons, élevons et érigeons en titre, nom et dignité de duché, *pour en jouir* par *notre dit cousin* le prince de Tingry, ses enfants et descendants, tant mâles que femelles, nés et à naître en légal mariage, à perpétuité, avec tous les honneurs, rang, prérogatives et prééminences y appartenant.

« Sans qu'au moyen de la présente érection dudit duché, et à défaut d'hoirs mâles et femelles, ledit duché puisse être par nous ni par nos successeurs Rois réuni à la couronne, en conséquence des édits et déclarations des années 1566, 1579, 1581, et 1582, auxquels en faveur de notre dit cousin le prince de Tingry nous avons dérogé et dérogeons par ces dites présentes, sans laquelle dérogation et condition notre dit cousin n'eût voulu accepter notre présent don, grâce et libéralité, et consentir à la présente continuation et création. »

Cette dernière clause est digne de remarque : en cas d'extinction de descendance mâle ou femelle le duché ne fera pas retour à la couronne.

Les autres dispositions de ces lettres-patentes méritent toute votre attention.

Le roi approuve l'acquisition du duché de Beaufort, il veut que cette terre continue à porter le titre de duché, *laquelle dignité nous avons voulu laisser à la terre et duché de Beaufort pour en jouir par notre dit cousin et ses enfants et descendants à perpétuité, avec tous les honneurs, rangs, prérogatives et prééminences y appartenant.*

Les honneurs et le rang appartiennent à la terre, la jouissance du titre ducal est attachée à la possession du duché : ce titre ducal est réel, c'est le titre d'un grand seigneur terrien, titre qui, en cas d'extinction, ne pourrait pas être relevé en dehors de sa nature et des conditions qui l'ont constitué.

Le duché de Beaufort changea de nom peu après sa nouvelle érection et ce changement de nom est un fait important dans la cause actuelle.

Je ne veux pas discuter cette délibération créée par la fantaisie de notre adversaire, qu'on vient de vous produire sous la forme d'un dialogue imaginaire et presque burlesque entre le jeune Montmorency-Luxembourg, duc de Beaufort, et le fils du grand Condé, duc de Montmorency.

Interrogeons les documents historiques.

Le héros de Rocroy était mort en 1686 ; jusqu'alors son fils Henry-Jules de Bourbon avait porté, depuis sa naissance, le nom de duc d'Enghien. Ce nom avait été immortalisé par son père, il demanda à Louis XIV de l'attacher à la duché-pairie de Montmorency : ce fut l'objet des lettres-patentes du mois de septembre 1689. Elles rappellent l'abolition du duché de Montmorency érigé en 1551 ; la nouvelle érection de ce duché en 1663, en faveur du prince et de la princesse de Condé, pour en jouir par eux et leurs hoirs successeurs, *ce qu'ils ont fait sans aucun changement,* puis il est écrit auxdites lettres :

« Mais à présent que nostredit cousin le prince de Condé a bien
« voulu consentir en faveur de nostre cousin Charles-François-
« Frédéric de Montmorency-Luxembourg, que le duché de Beaufort
« portast à l'avenir le nom de Montmorency, nostredit cousin le
« prince de Condé nous a très-humblement supplié de changer le
« nom dudit duché et pairie de Montmorency dont il est proprié-
« taire en celui d'Anguien, pour sous ledit nom posséder le même
« duché et pairie, avec les mesmes honneurs, titres, dignités, ap-
« partenances et dépendances, comme il en a joui sous le nom de
« duché et pairie de Montmorency, et, à cet effet, lui accorder nos
« lettres à ce nécessaires.

« A ces causes...

« Nous avons changé et commué, changeons et commuons par
« ces présentes signées de nostre main le nom dudit duché en pairie
« d'Anguien, et *voulons que la ville de Montmorency, qui est la ca-*
« *pitale dudit duché, soit appelée Anguien;* permettant à nostredit
« cousin et à ses sucesseurs masles et femelles, *seigneurs dudit*
« *duché et pairie*, de se dire et nommer duc d'Anguien et pair de
« France...

« Pourvu toutefois que ledit changement de nom ne préjudicie à
« nos droits, ni à ceux d'autrui. »

Le duché de Montmorency, appelé désormais duché d'Enghien,
a été possédé héréditairement par les princes de la maison de
Condé. Les débris des terres et seigneuries qui constituaient ce
duché sont aujourd'hui la propriété de l'héritier des Condés. Le
titre ducal porté glorieusement par ces princes jusqu'au commen-
cement de ce siècle, s'est éteint sans transmission, et pour le relever
il faut descendre dans les fossés de Vincennes.

A la suite des lettres-patentes de septembre 1689 furent délivrées
celles du mois d'octobre de la même année; elles sont ainsi
conçues :

« Par nos lettres du mois de mai 1688, registrées en nostre Cour
de Parlement, le 13 juillet de la même année, nous avons créé de

nouveau, et érigé en faveur de notre très-cher et bien amé cousin Charles-François-Frédéric de Montmorency-Luxembourg, prince de Tingry, le duché de Beaufort pour en jouir par lui et ses descendants à perpétuité..... Depuis lequel temps notre très-cher et très-amé cousin le prince de Condé, ayant fait changer le nom du duché de Montmorency à lui appartenant, en celui d'Anguien, nostre dit cousin le prince de Tingry, qui désire de *faire appeler le duché de Beaufort de son nom de Montmorency*, nous aurait très-humblement supplié d'agréer que ledit duché de Beaufort portât aussi à l'avenir le nom de Montmorency, et de lui accorder nos lettres de permission et de commutation à ce nécessaires. A ces causes, voulant en toute occasion traiter favorablement notredit cousin Charles-François-Frédéric de Montmorency-Luxembourg, de notre grâce spéciale, pleine puissance et autorité royale, nous avons commué et changé, commuons et changeons par ces présentes signées de notre main, le nom dudit duché de Beaufort en celui de Montmorency, duquel nous voulons et nous plaît qu'il soit à l'avenir appelé. . . . .

« *Sans que pour raison de ce changement de nom, il soit rien innové audit duché et ses dépendances....* et que ces présentes ne préjudicieront à nos droits ni à ceux d'autrui. »

Voilà donc que le duché de Beaufort est, à la demande de M. de Montmorency, revêtu du nom propre et personnel de ce seigneur. Le nouveau titre ducal n'est plus celui qui était inhérent à la possession du fief de Montmorency et qui pouvait être transmis en dehors de la famille et être distinct du nom patronymique de Montmorency, comme il le fut dans la maison de Condé. C'est le nom même de la famille qui est indivisiblement attaché au titre ducal. Le duché de Beaufort-Montmorency ne devait à l'avenir être transmis qu'à une personne portant le nom de Montmorency.

Ici prend place, dans la discussion, l'édit du mois de mai 1711. Par cet édit, Louis XIV voulut régler diverses questions relatives aux duchés-pairies, soit *pour prévenir tous les différends qui pouvaient se former à l'avenir à l'occasion de leur érection ou de leur extinction,* soit pour mettre fin à la création de duchés femelles, et enfin pour terminer les contestations pendantes alors en la Cour du Parlement entre plusieurs ducs et pairs et M. le duc de Luxembourg.

Deux dispositions de cet édit doivent fixer votre attention. On y lit :

« Art. 5. — Les clauses générales insérées ci-devant dans quelques lettres d'érection de duchés et pairies en faveur des femelles, et qui pourraient l'être en d'autres à l'avenir, n'auront aucun effet qu'à l'égard de celle qui *descendra et sera de la maison et du nom de celui en faveur duquel les lettres auront été accordées*, et à la charge *qu'elle n'épousera qu'une personne que nous jugerons digne de posséder cet honneur*, et dont nous aurons agréé le mariage par des lettres-patentes qui seront adressées au Parlement de Paris, et qui porteront confirmation du duché en sa personne et descendants mâles; et n'aura ce nouveau duc rang et séance que du jour de sa réception audit Parlement, sur nosdites lettres. »

C'est conformément à cette disposition de l'édit que seront données plus tard les lettres-patentes de 1767.

« Art. 9. Voulons que notre cousin, le duc de Luxembourg et de Piney, *ait rang* tant en notre Cour de Parlement de Paris qu'en tous autres lieux, *du 22 mai 1662, jour de la réception du feu duc de Luxembourg, son père, en conséquence de nos lettres du mois de mars de l'an 1661*, et que les arrêts rendus les 20 mai 1662 et 13 avril 1696, soient exécutés définitivement, *sans que notre cousin puisse prétendre d'autre rang, sous quelque titre et prétexte que ce puisse être.* »

Cette date de 1661 et de 1662 est celle de l'érection encore récente du duché-pairie de Piney. Les droits de préséance et de rang après les princes du sang qui avaient été concédés aux anciens ducs de Montmorency n'ont pas plus été transmis que leur duché et leur titre ducal.

J'arrive enfin, Messieurs, aux lettres-patentes de 1767.

A cette époque, M. le marquis de Fosseux était chef de la branche aînée des Montmorency. Il était issu du second fils de Jean de Montmorency. La descendance de son frère aîné s'éteignit dans la personne du comte de Hornes, en 1570, sous les supplices du duc d'Albe; la lignée de son frère puîné, Guillaume de Montmorency, père d'Anne le grand connétable, fut tranchée sur l'échafaud de Toulouse en 1632. Les sires de Fosseux survécurent seuls à ces immenses calamités.

En 1767 Mlle de Montmorency, petite-fille du maréchal de Luxembourg, était son héritière en ligne directe, et comme fille aînée investie du duché femelle de Beaufort-Montmorency, elle dut, conformément à l'édit de 1711, demander l'agrément du Roi pour épouser son cousin le marquis de Fosseux.

Le consentement du Roi fut donné par les lettres-patentes dont je dois vous signaler les principales dispositions :

« Louis, par la grâce de Dieu, Roy de France et de Navarre, à tous présents et à venir, salut.

« Le mariage de notre très-cher et bien amé cousin Anne-Léon de Montmorency, chef des noms et armes de sa maison, avec notre très-chère et bien amée cousine Anne-Charlotte de Montmorency-Luxembourg ayant été proposé, nous avons été déterminé par les motifs les plus pressants à y donner notre agrément.

« Ledit sieur marquis de Fosseux est destiné à être le chef de cette maison.....; d'autre part, ladite demoiselle, *née de la même famille*, est la fille aînée d'un branche à laquelle le mariage de François-Henry, comte de Montmorency, duc de Luxembourg, pair et mareschal de France, avec Madeleine-Charlotte-Bonne-Thérèse de Clermont-Luxembourg, ses trisayeux, a procuré l'avantage de représenter l'ancienne maison de Luxembourg qui, par le throsne impérial qu'elle a occupé, et le grand nombre de souverains qui en sont issus, a été une des plus distinguées de l'Europe.....

« Rien n'était plus convenable que de former ce nouveau lien, qui, à la branche aisnée des Montmorency, unira celle où avec un sang aussi noble celui de Luxembourg est meslé.....

« Et comme rien ne contribue davantage à la prospérité de l'État que le maintien des familles illustres dont la splendeur se soutient

par la perpétuité des titres d'honneur qui les décorent, nous avons
jugé qu'il était de notre justice de confirmer en faveur dudit mariage
et de *continuer dans la personne de notredit cousin*, le marquis de
Fosseux, *les titres et dignités* dévolus à ladite demoiselle de Montmorency-Luxembourg par sa naissance.

« A ces causes et autres grandes considérations à ce nous mouvants,
après avoir lu les lettres-patentes données à Paris au mois de may
1688, par lesquelles notre auguste bisayeul, de glorieuse mémoire,
pour recompenser les grands services de François-Henry de Montmorency-Luxembourg, pair et mareschal de France, et ceux de Charles-
François-Frédéric de Montmorency-Luxembourg, prince de Tingry,
son fils, érigea la terre et seigneurie de Beaufort dont le nom a été
depuis changé en celui de Montmorency, en duché héréditaire, en faveur dudit Charles-François-Frédéric de Montmorency-Luxembourg et
de ses enfants et descendants mâles et femelles.

« Vû l'acte de partage par lequel *l'entière propriété dudit duché de
Montmorency est restée à ladite demoiselle de Montmorency-Luxembourg
aînée.*

« Nous avons de notre grâce spéciale, pleine puissance et autorité
royale, confirmé, approuvé et ratifié, confirmons, *approuvons et rati-
fions* par ces présentes signées de notre main, *ledit contrat de mariage*
dudit sieur marquis de Fosseux et de ladite demoiselle Anne-Françoise
de Montmorency-Luxembourg, et en outre, de nos mêmes grâce et
autorité que dessus, avons confirmé et continué, confirmons et *conti-
nuons en la personne dudit sieur marquis de Fosseux ledit duché héréditaire de Montmorency* pour par lui et ses enfants mâles à naître dudit
mariage, et descendants de mâles ou mâles en loyal mariage, l'ordre
de primogéniture gardé entre eux, *en jouir aux mêmes honneurs,
prééminences, priviléges, prérogatives, et ainsi qu'en ont joui ceux qui
l'ont possédé* et qu'en jouissent les autres ducs héréditaires depuis son
érection.

« Voulons et entendons que ledit sieur marquis de Fosseux *soit
appelé duc de Montmorency ;* que le cas arrivant du décès de ladite de-

moiselle de Montmorency-Luxembourg avant lui sans enfants, *il continue à jouir dudit duché sa vie durant.*

« A défaut d'hoirs et descendants mâles, lesdits titres et dignités demeureront éteints, et *les terres et seigneuries qui en dépendent retourneront au même et semblable état où elles étaient avant ladite érection en duché.*

« Sans que nous ni nos successeurs rois puissions prétendre aucun droit et faculté de réunion, propriété et *réversion dudit duché à notre couronne.*

« Et afin que ce soit chose ferme et stable à toujours, nous avons fait mettre notre scel à cesdites présentes, *sauf en autres choses notre droit et l'autrui en tout.* »

Ainsi, par les lettres-patentes de 1767, comme par toutes celles qui ont précédé, le titre ducal est indivisiblement attaché à la possession des terres et seigneuries qui constituent le duché-pairie de Beaufort-Montmorency.

C'est parce que Mlle de Montmorency-Luxembourg et M. de Montmorency, marquis de Fosseux, sont de *la même famille, c'est parce que l'entière propriété du duché est restée à ladite demoiselle,* que le mariage est approuvé, que le duché héréditaire est continué en la personne de M. le marquis de Fosseux pour en jouir, par lui et ses descendants mâles, aux mêmes honneurs et ainsi qu'en ont joui *ceux qui l'ont possédé.*

Remarquez, Messieurs, la clause par laquelle le roi, renonçant à la réversion du duché à sa couronne, il est dit qu'à défaut d'hoirs et descendants mâles du duc de Montmorency, *les titres et dignités du duché demeureront éteints, et les terres et seigneuries qui en dépendent* retourneront au même et semblable état où elles étaient avant leur érection en duché.

Si M. le duc de Montmorency fût mort sans postérité mâle avant 1789, le titre ducal eût été éteint et ne pouvait plus être transmissible, n'étant plus joint à la propriété des seigneuries. La concession du titre de duc de Montmorency, sans la transmission et la possession du duché, n'eût été et ne peut être que la concession d'une autre propriété commune à tous les membres de la famille, c'est-à-dire la concession de leur nom patronymique, concession qui est une de ces atteintes à la propriété privée qui appelle l'exercice de votre droit de juridiction.

Je crois, Messieurs, avoir jusqu'ici, par les faits incontestables, par les dispositions expresses de toutes les lettres-patentes relatives au duché de Montmorency, par les règles invariables de l'ancien droit français sur ces matières, non-seulement rectifié l'exposé inexact que nous lisons dans le décret du 14 mai de cette année, mais complétement réfuté la distinction subtile que l'on prétend établir entre le titre de duc de Montmorency et le nom de famille dans la concession qui a été obtenue par M. Adalbert de Périgord.

Mais il faut poursuivre cette discussion sous l'autorité de notre nouvelle législation.

Je n'entends pas invoquer les lois du 4 août 1789, 15 mars et 19 juin 1790 qui ont aboli les duchés et les titres de duc comme toutes les autres qualifications féodales et nobiliaires. Je ne parle pas de l'article 2 de la loi du 6 fructidor interdisant de prendre des noms qui rappelleraient le souvenir de ces institutions abolies.

Les titres de noblesse ont été rétablis en France par les décrets impériaux de 1806 et de 1808, mais ces titres ne sont plus que des qualifications honorifiques, héréditaires il est vrai, mais titres nus attachés au nom de la personne qui en est revêtue. L'institution des majorats, fondés pour soutenir la dignité des titres de ducs, comtes ou barons, n'a point été la fondation en France de fiefs constituant la dénomination du titre nobiliaire. Les terres ont été majoratisées mais nul fondateur de majorat n'a été et n'a pu être autorisé à prendre le nom des terres sur lesquelles son majorat était assis.

De grands fiefs héréditaires ont été institués, mais sur le territoire étranger, dans les lieux dont nos grands hommes de guerre s'étaient comme appropriés les noms illustrés à jamais par leurs exploits, fiefs établis dans les champs de bataille qui leur étaient en quelque sorte inféodés par la victoire. M. Merlin nous a donné la liste de ces fiefs au mot *Duc* dans le nouveau répertoire, mais à l'intérieur de la France point de fiefs, point de titres attachés à la possession d'un domaine. Plusieurs décrets en 1808, 1811, 1813 interdirent de prendre pour nom de famille des noms de villes et de communes. On vous a cité notamment la décision transmise, à ce sujet, par l'archichancelier au Conseil du sceau des titres.

Les titres de noblesse accordés en France sous l'Empire, furent ainsi des titres nus, ajoutés au nom propre du titulaire. Cet état de la législation n'a pas changé, et comme on avait créé un duc Cambacérès, on institue de nos jours le duc de Morny, ou le duc de Persigny.

L'article 71 de la Charte royale n'a point introduit un changement à ces conditions des distinctions nobiliaires, en autorisant l'ancienne noblesse à reprendre ses titres. Anciens ou nouveaux, ces titres sont héréditaires sans doute, mais non réels, et purement personnels. La noblesse en France n'est plus réelle, c'est-à-dire terrienne, elle est simplement nominale; la reprise des anciens titres fut indépendante de la possession des seigneuries auxquelles ils avaient été attachés avant 1789. Le plus grand nombre des membres de l'ancienne noblesse avaient été déposssédés de leurs terres, les titres qu'ils étaient autorisés à reprendre demeurèrent seulement unis aux noms qu'ils avaient le droit de porter. Ces titres ont été repris comme des distinctions honorifiques traditionnelles attachées à la personne et transmissibles aux héritiers directs. Parce qu'il existait en 1814, M. de Montmorency, descendant et chef de la branche aînée de cette famille, il eût le droit de réunir à son propre nom son ancien titre; et celui qui avait été, après 1789, le citoyen Montmorency redevint ce qu'il lui appartenait d'être, M. le duc de Montmorency, mais avec un simple titre, qui, à défaut de descendants mâles, s'est éteint en sa personne.

Que devons-nous donc penser, Messieurs, de la prétention qu'a M. Adalbert de Périgord de recevoir légalement aujourd'hui un titre nobiliaire, un titre ducal auquel resterait attaché un nom qui n'est pas le sien, le nom propre d'une famille qui proteste contre cette usurpation de sa propriété. Quoi ! parce qu'un des membres de cette famille a obtenu que son glorieux nom fût donné au duché dont il était possesseur, et dont il jouissait en titre de duc et pair, on nous vient dire, quand le duché n'existe plus, quand ce fief est aboli et ne peut être rétabli, on nous vient dire que le nom de famille qui fut attaché au titre de cette seigneurie, désormais supprimée, est distinct de ce même nom de famille revendiqué par les personnes auxquelles il appartient !

Moins mal fondée, en apparence du moins, était la prétention que j'ai combattue en 1859, lorsque M. Hibon méconnaissait, comme M. Adalbert, l'identité qui existe entre le nom patronymique d'une famille, et ce même nom attaché à un titre honorifique. Je possède par ma femme, disait M. Hibon, un titre à la grandesse d'Espagne, cette grandesse a été instituée par l'autorité du roi d'Espagne au titre de duc de Brancas ; on ne peut peut pas me disputer le droit de me dire grand d'Espagne au titre de l'institution de cette grandesse, et j'ai par conséquent le droit de me qualifier duc de Brancas, c'est le nom de mon titre qui est distinct du nom de la famille de Brancas.

Mais la Cour de Paris a décidé par un arrêt, contre lequel on s'est vainement pourvu devant la Cour de cassation « Qu'en admettant que « le titre de grand d'Espagne fût reconnu au profit des intimés « (les sieur et dame Hibon), il n'en résulterait pas qu'ils puissent « prendre le nom et le titre de duc de Brancas ; que le nom patrony- « mique est la propriété d'une famille et ne peut, en l'état de la légis- « lation, être transporté à une autre famille sans les formalités léga-, « les... »

La Cour ajoute qu'il a dû être refusé à Hibon le droit de prendre le nom de Brancas sous prétexte que le titre de duc de Brancas serait une qualification ; « *qu'en effet une qualification qui serait héréditaire* « *produirait en réalité le même résultat qu'une dénomination.* »

Ces derniers mots de l'arrêt réfutent suffisamment une dernière et singulière allégation qui vous était produite tout à l'heure par M. Adalbert de Périgord. La concession du titre de duc de Montmorency ne serait pas pour lui, vous a-t-on dit, la concession d'un nom de famille, parce que le titre ne sera pas porté par tous les membres de sa famille nés ou à naître, mais ne sera porté que par lui et par ses descendants mâles seulement, dans l'ordre de primogéniture ! Il faut, Messieurs, que votre jugement réponde à M. Adalbert comme l'arrêt de la Cour a répondu à M. Hibon.

Non, non ! la possession du titre de duc de Montmorency ne serait pas autre chose désormais que la prise de possession du nom de cette famille, car c'est le nom de famille qui a été donné au fief auquel la jouissance du titre était attaché ; et remarquez que sous ce titre ainsi concédé, celui pour qui une telle concession serait maintenue semblerait aujourd'hui être le chef de l'illustre maison des Montmorency. C'est ce que vous ne ferez pas, Messieurs ; enfin à un autre point de vue, la transmission du titre de duc de Montmorency serait pour M. de Périgord une addition de nom obtenue en dehors des formes prescrites par la loi, ce que vous ne devez pas tolérer.

Oui, c'est une addition de nom illégalement concédée, c'est même un changement de nom ; à la manière dont M. de Périgord use déjà du décret, il substitue à son nom de famille le nom de duc de Montmorency. Il signe ses visites de ce seul nom, il cherche à se faire admettre dans le monde sous ce seul nom, et c'est ainsi que les journaux le désignent dans la liste des invités aux voyages de la cour. Mais une addition, un changement de nom ne peuvent pas être autorisés, sans qu'aient été accomplies les formalités impérieusement prescrites par la loi du 11 germinal an XI.

Le rapporteur de cette loi recommandait pour la sécurité et pour l'honneur du droit des familles le maintien et la conservation des règles de l'ancienne législation et des principes de l'ancienne jurisprudence.

« On tenait pour principe, dit M. Miot,

« Que le Roi seul pouvait permettre le changement ou l'addition de nom ;

« Que cette permission n'était jamais accordée que *sauf les droits* des *tiers*, qu'ils pouvaient faire valoir en s'opposant à l'enregistrement dans les Cours ;

« Que le changement de nom et d'armes ne pouvait avoir lieu, même après un testament qui en imposait les conditions, lorsqu'il y avait opposition de la part des mâles portant le nom et les armes. »

Tel a été l'effet de la loi de germinal, et ses dispositions ont reçu une constante application. Soit que les réclamations des parties intéressées, c'est-à-dire l'opposition des familles, aient été portées au pouvoir administratif, soit qu'elles aient été déférées à l'autorité des tribunaux, l'accomplissement des formalités prescrites par la loi a toujours été imposé.

La prescription de ces formalités a été de nouveau consacrée par le décret du 8 janvier 1859, voici en quels termes s'exprimait le garde des sceaux, M. de Royer, dans son rapport à l'Empereur sur le rétablissement du Conseil du sceau des titres :

« Les demandes en changement ou en addition de noms restent soumises aux formes tracées par la loi du 11 germinal an XI. Les autorisations de cette nature sont accordées par Votre Majesté dans la forme des règlements d'administration publique. Le Conseil du sceau des titres pourra toutefois être consulté sur les changements ou les additions qui auraient le caractère d'une qualification honorifique ou nobiliaire et qui rentreraient ainsi dans l'ordre des faits qu'a voulu prévoir l'article 259 du Code pénal.

« Aux termes de l'article 7 de la loi du 11 germinal an XI, toute personne y ayant droit peut, dans le délai d'une année, à partir de l'insertion au *Bulletin des Lois*, poursuivre la révocation du décret qui a autorisé un changement ou une addition de nom. »

Et le décret contient cette disposition expresse :

« Art. 9. — Les demandes en addition ou changement de noms sont insérées au *Moniteur* et dans les journaux désignés pour l'insertion des annonces judiciaires de l'arrondissement où réside le pétitionnaire et de celui où il est né.

« Il ne peut être statué sur les demandes que trois mois après la date des insertions. »

M. Adalbert de Périgord ne peut pas méconnaître l'autorité de cette législation, et, par respect pour elle, on vient de vous dire timidement que le débat actuel pourrait se réduire à ce que, conformément à l'article 7 de la loi de germinal, vous ordonniez que l'exécution du décret du 14 mai sera suspendue pendant une année, à partir de son insertion au bulletin des lois.

Non, ce n'est pas à ce résultat dérisoire que doit aboutir ce solennel procès ; il ne s'agit pas de nous accorder les puériles consolations d'un sursis ; c'est sur le fonds du droit que vous devez actuellement prononcer, c'est le caractère patronymique du nom de Montmorency que vous devez proclamer, c'est le droit inviolable de propriété privée à l'illustre nom de Montmorency que vous devez maintenir dans la famille ; et, à moins d'abdiquer le pouvoir constitutionnel qui vous est confié, vous remplirez le devoir de protéger nos clients contre l'atteinte illégalement portée à leurs droits. Si M. Adalbert de Périgord, ne se contentant pas du titre honorifique de duc qui lui est concédé, persiste à vouloir l'addition du nom de Montmorency, vous le renverrez non pas à recourir de nouveau à la faveur, mais à se pourvoir régulièrement, ainsi qu'il lui est ordonné de le faire par la loi de germinal an XI et par le décret de 1859.

C'est ainsi que l'ordonnance qui autorisait M. d'Aux, gendre de M. Lally-Tollendal, à prendre le nom de Lally, fut révoquée le 16 décembre 1831, *comme n'ayant pas été précédée des formalités prescrites par la loi du 21 germinal an XI.*

C'est ainsi qu'à la requête de M. le sénateur Hector Galard de Brassac, comte de Béarn, le décret qui, sous la date du 13 août 1861, avait autorisé M. Ruinart de Brimont à ajouter à son nom le nom patronymique de Brassac, a été rapporté par autre décret du 14 février 1863.

C'est ainsi que dans l'affaire de Mme la marquise de Tourzel, la Cour d'appel de Paris a jugé, le 18 février 1833, que *les tribunaux étaient compétents pour connaître du droit des particuliers à la pro-priété d'un nom*, et pour statuer sur une contestation qui a cette pro-priété pour objet.

C'est ainsi que dans le procès relatif au titre de duc de Brancas, la Cour a déclaré que le prétendant à ce nom devait d'abord se pour-voir conformément aux prescriptions de la loi de germinal.

Ainsi enfin a statué la Cour de cassation dans l'affaire de M. Terray et de la famille Morel de Vindé ; le cas est digne de votre particulière attention.

Une ordonnance royale du 1ᵉʳ mars 1819 avait autorisé la trans-mission à M. Terray des titres et *nom* de M. le vicomte de Morel-Vindé, son grand-père, en ces termes :

« Art. 1ᵉʳ. — Les rang, titre et qualité de pair du royaume qu'il nous a plu d'accorder au vicomte de Morel seront transmis à notre amé Charles-Louis Terray, son petit-fils...

« Art. 2. — Ledit Charles-Louis Terray joindra à son nom propre celui dudit aïeul maternel, comme aussi il joindra dans son écus-son à ses propres armes celles de son aïeul... »

En vertu de cette ordonnance, et sur la demande de M. Terray, le Tribunal de la Seine ordonna, par un jugement du 26 mars 1845, l'addition sur les registres de l'état civil du titre de vicomte de Morel-Vindé au nom de Terray. Personne ne réclama ; mais d'office et dans l'intérêt de la loi, le ministre de la justice déféra ce jugement à la Cour suprême pour excès de pouvoir ; et par arrêt du 22 avril 1846, sur les conclusions conformes de M. le procureur général Dupin, la Cour statua en ces termes :

« Attendu 1° qu'aux termes de la Charte il n'appartient qu'à l'au-torité royale de conférer des titres de noblesse ; 2° *que tout changement de nom ne peut être obtenu qu'en se conformant aux dispositions de la loi du 11 germinal an XI, qui exige l'intervention de l'autorité admi-nistrative* » (avis *préalable* du Conseil d'État) ;

« Attendu que le jugement dénoncé reconnaît à Charles-Louis Terray : 1° le droit de prendre le titre de vicomte ; 2° *celui d'ajouter*

*à son propre nom le nom de Morel-Vindé, sans avoir au préalable rem-
pli les formalités voulues ;*

« Annulle pour excès de pouvoir le jugement du Tribunal civil de
la Seine du 28 mars 1845. »

Le Tribunal, en rendant ce jugement, s'était simplement conformé
aux termes mêmes de l'ordonnance royale.

N'en doutez pas, Messieurs, le souverain peut être mal avisé, mal
éclairé, s'abuser sur l'étendue de son pouvoir et dans l'exercice de
ses droits ; mais l'autorité législative ou l'autorité judiciaire, dans les
limites de l'action qui leur est propre, réforment ces abus, et la justice, demeurant fidèle aux prescriptions des lois, protége les droits
des citoyens contre toute atteinte. Qu'on ne vienne pas nous dire que
la garantie du recours à votre justice n'existe plus en France pour
les citoyens lésés dans leurs droits privés, qu'à cet égard la condition
des particuliers est pire aujourd'hui que sous tous les régimes anté-
rieurs. Si, malgré l'opposition des parties intéressées, vous obéissiez
aux termes du décret qui méconnaît leur propriété au nom de Montmorency, si vous en ordonniez l'exécution, votre jugement serait déféré à la Cour de cassation, et sur les mêmes conclusions du même
procureur général votre décision serait cassée, si d'abord elle n'avait
pas été réformée par la Cour d'appel.

Des règles ainsi clairement établies et respectées dans tous les temps,
des maximes reconnues par une jurisprudence aussi constante ne
peuvent pas être délaissées par vous ; il ne saurait y avoir devant vous
une injuste acception des personnes et des circonstances.

Il me reste à justifier en peu de mots le second chef de notre demande, relatif aux armoiries de la maison de Montmorency. M. Adalbert de Périgord s'est persuadé que le décret qui lui concède le titre
de duc de Montmorency lui attribue par là même le droit de porter
les armes des Montmorency.

Nous vous présentons la copie exacte des nouvelles armoiries qu'il
a fait dessiner à son usage : sous le manteau et la couronne ducale,

sont les armes pleines des Montmorency, *brisées* au cœur avec l'écusson des Talleyrand.

Ici le décret ne donne aucun prétexte à cette autre prétention de M. Adalbert. Le décret ne dit pas mot du droit de prendre le nom et les armes de la famille. Ce droit ne lui est pas plus concédé par le décret qu'il n'a pu lui être transmis par Mme la duchesse de Valençay, sa mère. Merlin et tous les auteurs nous enseignent que les femmes ne transmettent à leurs enfants ni le nom, ni les armes de la famille dont elles sont issues.

Les armoiries ne sont pas une propriété moins inviolable et moins précieuse que le nom patronymique ; comme le nom et autant que le nom les armoiries sont le signe distinctif des familles nobles, c'est leur nom peint, gravé, sculpté aux yeux de tous, par des signes et emblêmes d'honneur. Je lis dans un article de M. Boucher d'Argis, dans l'ancien répertoire de jurisprudence : « Aux termes de l'édit de 1696, « les armoiries des personnes, maisons et familles leur sont patrimo- « niales. Observez que les lettres par lesquelles le Roi autorise un sujet « à prendre le nom et les armoiries d'une famille *demeureraient sans* « *effet s'il y avait encore des mâles de cette famille, et qu'ils s'opposas-* « *sent à l'enregistrement de ces lettres.* La raison en est que, quand le « souverain accorde une grâce, il ne veut pas qu'elle porte préjudice « aux droits des tiers. »

Comment, d'ailleurs, la concession du titre de duc de Montmo- rency donnerait-elle le droit de porter les armes de cette maison. Si le nom des Montmorency a été donné en 1689 au duché de Beaufort, les armoiries des Montmorency n'y ont point été attachées. Ces ar- moiries sont autre chose que le duché et que le titre de duc. Ces ar- moiries existaient dans la maison de Montmorency et étaient propres et personnelles à tous les membres de la famille plus de cinq cents ans, plus de quatre cents avant l'érection du premier duché en 1551. Et que sont-elles ces armoiries dont on se voudrait emparer, quelle est leur glorieuse origine ?

Sous le roi Lothaire, l'empereur Othon était venu avec une grosse armée attaquer le territoire. Il avait pénétré jusqu'à Soissons, quand Bouchard survint et marcha droit à lui. Il remporta une victoire dans laquelle il prit quatre aigles impériales (en style héraldique, *aiglons* ou *alérions*). Le roi lui accorda pour ce fait d'armes le droit de porter ces quatre aigles aux quatre angles de la croix blanche de sa bannière.

Plus tard, au treizième siècle, au mémorable jour de 1214, Mathieu de Montmorency, qui eut si grande part à la victoire de Bouvines contre Othon IV, empereur d'Allemagne, présente à Philippe-Auguste un trophée de douze bannières aux aigles impériales.

Quelle scène magnifique ! le roi qui avait poussé au plus fort de la bataille et s'était jeté vaillamment dans la mêlée, blessé lui-même, voit après la victoire Mathieu de Montmorency venir à lui couvert de blessures, Philippe-Auguste trempant son doigt dans le sang qui s'en échappait avec abondance, fait sur l'écusson du Connétable une croix rouge dont les quatre bras seront désormais *cantonnés* avec les douze aigles impériales que Montmorency vient d'enlever à l'ennemi. Voilà la superbe origine des seize alérions conquis aux batailles de Soissons et de Bouvines dont M. Adalbert se veut parer.

Ce sont là des parures héroïques, insignes, nationales, dont nul n'a le droit de disposer, pas plus qu'il n'est permis en France d'aliéner les diamants de la Couronne ; marques d'honneur chères et sacrées pour la famille à qui elles appartiennent et dont un étranger ne peut pas être affublé héréditairement, comme en un jour de fête ou de folie on revêt les costumes et les armures des anciens preux pour s'en faire un brillant ornement dans les mascarades de la cour ou de la ville.

Non, Messieurs, vous ne pouvez pas refuser aux Montmorency d'interdire à M. de Talleyrand de s'approprier et de *briser* leurs armoiries que le décret du 14 mai ne lui attribue point et qui ne lui ont été transmises à aucun titre.

Un mot encore sur les considérations par lesquelles notre adversaire espère excuser ses inadmissibles prétentions. Il est obligé de reconnaître qu'elles ne reposent sur aucun droit ; que, fils cadet de la

sœur cadette du dernier duc de Montmorency, il a sollicité et obtenu
une faveur qui était refusée au fils aîné de la fille aînée du duc Raoul.

Il ne m'appartient pas de lui demander sur quel fonds de services
il appuie la concession qui lui a été faite ; mais faut-il lui tenir compte
des prétextes qu'il invoque dans ses conclusions signifiées au procès ?
Il nous dit que « son titre émane d'une prérogative dont l'application est d'autant moins critiquable qu'elle s'est exercée en faveur
d'un des membres qui descendent *plus directement* de la famille dont
les demandeurs prétendent représenter seuls le glorieux héritage. » Il
nous a même dit, à la dernière audience, qu'il y a en lui plus de
gouttes du sang des Montmorency qu'il n'en coule dans les veines de
ses adversaires.

Il oublie que M. le prince et M. le comte de Montmorency-Luxembourg descendent en ligne directe et de mâle en mâle, au quatrième
degré seulement, de François-Henry de Montmorency-Luxembourg, en
l'honneur de qui furent octroyées, à son jeune fils, les lettres-patentes
qui, en 1688, érigèrent le duché-pairie de Beaufort, appelé depuis
duché de Montmorency, et qu'il n'est, lui, issu qu'au septième degré,
et même par les femmes, de l'illustre maréchal.

M. de Talleyrand-Périgord oublie que Mme de Montmorency, comtesse de La Châtre, et Mme de Montmorency, marquise de Biencourt,
sont, au même degré que Mme la duchesse de Valençay sa mère, les
petites-filles du marquis de Fosseux, mariée en 1767 à Charlotte-Anne
de Montmorency-Luxembourg, duchesse de Beaufort.

Rien donc n'est vrai dans cette allégation de représenter plus directement la famille de Montmorency. C'est une erreur ajoutée à celles
qui sont écrites dans le décret du 14 mai.

Nul droit ne protége l'envahissement de l'un des plus grands et
des plus glorieux noms de notre histoire nationale. La tentative aujourd'hui faite n'alarme pas seulement les fils de toutes les familles
de notre vieille noblesse française ; elle est un légitime sujet d'inquié-
tude pour les survivants et les héritiers des grands noms anoblis par
l'éclat immortel des victoires remportées en notre âge : Bellune, Monte-

bello, d'Istrie, d'Albuféra, Reggio, d'Eckmül, Tarente et tant d'autres, et Malakoff et Magenta...

Je me sens pour eux l'indignation d'une fierté jalouse et en cet instant se remuent dans ma mémoire les beaux vers d'Auguste à Cinna :

> Oses-tu bien penser que les Serviliens,
> Les Cosses, les Métels, les Pauls, les Fabiens,
> Et tant d'autres enfin, de qui les grands courages
> Des héros de leur sang sont les vives images,
> Quittent le noble orgueil d'un sang si glorieux
> Jusqu'à pouvoir souffrir.....

Souffrir..... l'usurpation de leur bien le plus cher ! Non, vous ne consacrerez pas une telle usurpation, Messieurs, en faveur de M. Adalbert, qui, fils de la grande maison des Talleyrand-Périgord, a pensé témérairement que ce n'était pas déjà pour lui une assez difficile tâche et un assez lourd fardeau que d'avoir à continuer les illustrations de la famille à laquelle il appartient et de soutenir l'honneur du seul nom qu'il ait le droit de porter.

BERRYER, *avocat*.

A. GUYOT ET SCRIBE, Imprimeurs de l'Ordre des Avocats au Conseil d'État et à la Cour de Cassation, rue Neuve-des-Mathurins, n° 18.